나 먼저 할래

스콜라 scola_가치 있는 책을 만드는 아름다운 책 학교
(주)위즈덤하우스의 아동·청소년 브랜드입니다.

글 최형미
서울에서 태어나 대학에서는 국문학을 대학원에서는 아동문학을 공부했습니다. 작가는 '사람들이 잊고 있던 것을 다시 반짝거리게 만들어 준다'라는 말을 제일 좋아해서 할머니가 될 때까지 사람들을 반짝거리게 만들 이야기를 쓰려고 마음먹고 있습니다. 지은 책으로는 《스티커 전쟁》《선생님 미워!》《못하면 어떡해?》《아바타 아이》《잔소리 없는 엄마를 찾아 주세요》《뻥쟁이 선생님》《거짓말》《엄마 아빠》《내 잘못 아니야》《우리 집 물 도둑을 잡아라》《모두가 아픈 도시》 등이 있습니다.

그림 권송이
상상력을 마음껏 발휘하여 어린이 책에 그림을 그리고 있습니다. 그림으로 소통할 수 있는 다양한 방법을 연구할 때가 가장 즐겁다고 합니다. 그린 책으로는 《부글부글 화가 나》《어린이를 위한 도전》《떴다! 지식탐험대》《초록깃발》《12개의 황금열쇠》《밥상에 우리말이 가득하네》《마더 테레사 아줌마네 동물 병원》《나도 학교에 가요》《지렁이를 먹겠다고?》《삐순이의 일기》《너랑 절대로 친구 안 해!》《말이 통하는 아이》 등이 있습니다.

 길러주는 생활동화 25

차례의. 중요성을. 일깨워주는. 책

나 먼저 할래

글 최형미 | 그림 권송이

작가의 말

나 먼저가 아닌, 우리 모두 함께!

여러분은 차례를 잘 지키는 편인가요? 버스를 기다릴 때, 공중화장실에 갈 때, 매표소에서 표를 구입할 때, 에스컬레이터를 탈 때, 문방구나 슈퍼에서 계산을 할 때 등등 우리가 사는 세상은 차례와 질서를 지켜야 할 일이 아주 많지요.

가끔은 길게 늘어선 줄을 보면 한숨이 나올 때가 있어요.

'저, 줄을 언제 기다리지?'

그럴 때면 나도 모르게 슬며시 고약한 마음이 생기지요.

'사람들이 안 볼 때 슬쩍 새치기를 할까?'

우리 친구들은 안 그런가요? 맛있는 음식을 먹을 때, 차를 탈 때, 화장실에 가야 할 때 꾹 참고 줄을 서서 잘 기다리나요? 아니면 먼저 하고 싶은 마음에 슬쩍 새치기를 하나요?

어떤 친구들은 새치기를 하면서도 그것이 나쁜 행동인 줄 잘 모르는 경우도 있더라고요. 이 책의 주인공 라나처럼 말이에요. 집에서는 부모님이나 할머니 품에서 오냐오냐하며 어떤 일이든 먼저 하는 경우가 많아서인지 기다리는 것을 잘 못 참고, 다른 사람을 생각하지 않고 자신이 먼저 하려는 경우가 있지요.

하지만 한번 생각해 보세요.

우리 친구들이 먼저 먹고 싶고, 먼저 타고 싶고, 먼저 갖고 싶은 것처럼 다른 친구들도 모두 같은 마음일 거예요. 그리고 이런 마음처럼 모두가 먼저 하려고 달려오는 버스 앞에 우르르 뛰어가거나, 불이 난 건물에서 서로 먼저 나오려고 우왕좌왕한다면 모두가 위험해지고 말 거예요.

우리가 차례를 지키고, 양보를 하고, 조금 늦더라도 기다리는 이유는 무엇일까요? 그건 모두가 즐겁고 안전하고 편안한 생활을 하기 위해서예요. 차례는 다른 사람을 위해서 지켜야 하는 것이 아니라 나를 위해, 그리고 우리 모두의 안전과 평화를 위해 지켜야 하는 거지요.

우리 친구들이 나 먼저가 아니라 우리 모두 함께를 생각하며 라나를 만났으면 좋겠어요.

봄의 시작에서 최형미

차례

작가의 말
나 먼저가 아닌, 우리 모두 함께! • 4

'나 먼저'는 당연한 일　　8

새치기 좀 하면 어때!　　18

내가 뭘 잘못했다고!　　27

우리, 친구 아니야?　　36

반으로 찢어진 책　　46

나 정말 급하단 말이야 ····· 56

라나의 결심 ····· 66

[부록] 라나의 질서 노트 • 74

1. 질서는 왜 필요할까?
2. 차례를 지키지 않으면 어떤 일이 벌어질까?
3. 나의 질서 지수 테스트

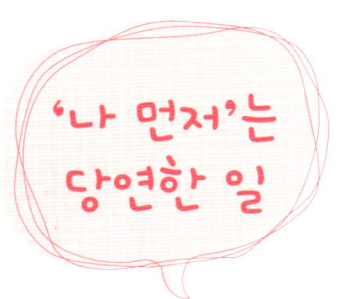
'나 먼저'는 당연한 일

"나 먼저!"

엄마가 뒷좌석 문을 열자마자 라나가 차에 쏙 올라탔어요. 할머니 타시라고 문을 열었던 엄마는 라나의 행동 때문에 조금 민망해졌어요.

"라나야, 할머니 먼저 타셔야지."

"놔둬라. 잠깐 갈 건데."

할머니는 대수롭지 않게 말씀하셨어요. 라나네 가족이 저녁을 먹으러 가는 뷔페식당은 차로 10분 거리거든요.

"엄마, 빨리 가자.
늦게 가면 사람 많잖아."
라나의 재촉에 하는 수 없이 엄마가 가운데 앉고 할머니가 끝자리에 앉으셨어요.
"라나야, 차에 탈 때는 할머니 먼저 타시라고 여쭌 후에 타는 거야."

엄마는 라나만 들을 수 있게 속삭이듯 핀잔을 주었어요.

"엄마, 지난번에 그랬을 때는 아무 말도 안 했잖아. 왜 이랬다저랬다 해!"

라나의 말에 엄마는 민망한 듯 헛기침을 했어요. 할아버지 생신이라 기분 좋게 저녁을 먹으러 가는 자리이기 때문에 라나를 더 혼낼 수도 없었지요.

"우아, 진짜 사람 많다."

주말이라 그런지 뷔페식당 입구에는 기다리는 사람이 정말 많았어요. 하지만 엄마가 미리 전화로 예약을 해 두신 덕분에 라나네는 많이 기다리지 않고 안으로 들어갈 수 있었지요.

"나 먼저 음식 갖고 올게."

자리에 앉기 무섭게 라나가 음식이 있는 곳으로 뛰어갔어요.

"우리 라나가 배가 많이 고팠나 보네."

할머니는 웃으면서 라나 뒤를 쫓아갔어요.

"아, 줄 봐! 언제 기다려."

라나가 좋아하는 스테이크 앞에는 사람들이 길게 줄을 서 있

었어요. 즉석에서 스테이크를 구워 주기 때문에 시간이 걸려서 그런지 줄은 좀처럼 줄어들 생각을 안 했어요.

"다리 아프고 배고프다."

라나가 투덜거리자 보다 못한 할머니가 나섰어요.

"아이고, 죄송해요. 우리 애가 너무 배가 고프다는데 먼저 좀 먹을게요."

라나를 앞장세운 할머니가 점잖아 보이는 아저씨 앞으로 새치기를 했어요. 아저씨는 불쾌한지 표정이 굳었지만 할머니와 라나를 보고는 아무 말 하지 않으셨어요. 할머니의 새치기 덕분에 라나는 힘들게 줄을 서지 않고 스테이크를 먹을 수 있었지요.

그런데 문제는 스테이크뿐만이 아니었어요. 스테이크를 다 먹은 후에도 라나는 음식을 접시에 담기 위해 줄을 선 사람들 사이를 요리조리 헤치고 다니며 새치기를 했어요.

"라나야, 자꾸 새치기하면 못써."

하지만 라나의 귀에 엄마의 이야기는 들리지 않는 것 같았어요. 라나는 자신이 좋아하는 음식이 있으면 줄을 선 사람들 사이로 끼어들거나 반대 방향으로 줄을 서서 음식을 담았어요. 눈살을 찌푸리는 사람들도 많았지만 라나는 아랑곳하지 않았어요.

"라나야, 저기 줄 선 사람들도 모두가 너처럼 먼저 먹고 싶을 거야. 하지만 그런 마음을 참고 줄을 서는 거야. 그렇지 않으면 서로 먼저 먹으려고 하다 순식간에 엉망진창이 되고 말 테니까."

테이블로 돌아온 라나에게 엄마가 딱딱한 표정으로 말하자 라나는 금세 시무룩한 표정을 지었어요.

"하지만 엄마, 저는 정말 조금만 가져왔어요. 어떤 아저씨는 엄청 많이 가져가던걸요. 전 아이고 조금밖에 안 가져오는데 오랫동안 줄 서려면 너무 힘들다고요. 그리고 다 먹지도 못하면서 많이 가져오는 것보다는 제가 덜 나쁜 거 아니에요?"

엄마는 라나의 말에 말문이 막혔어요.

"아이고, 이제 말로는 어멈이 라나를 못 당하겠구나."

라나 아빠는 경찰관이고, 엄마도 회사 일로 매우 바빠요. 그래서 라나는 할머니, 할아버지와 지낼 때가 더 많아요. 어릴 때는 엄마, 아빠가 바쁜 것이 불만이었지만 요즘에는 엄마보다는 잔소리가 덜한 할머니랑 지내는 게 더 좋다는 생각이 들어요.

물론 할머니도 라나를 혼내고, 야단치실 때도 많아요. 하지만 엄마한테 혼나는 것에 비하면 아무것도 아니지요. 오늘만 해도 그래요. 엄마는 자꾸 라나를 혼내려고만 하는데 할머니는 이해해 주려고 하시잖아요.

"박형식 고객님, 예순여섯 번째 생신을 축하드립니다! 고객님의 생신을 축하드리기 위해 특별히 준비된 케이크입니다."

"우아, 진짜 맛있겠다."

식사가 끝날 때쯤 엄마가 미리 주문해 놓은 생일 케이크가 나왔어요. 케이크를 본 라나의 눈이 휘둥그레졌어요. 디저트 코너에는 없는 아주 특별하고 맛있는 케이크였거든요.

"할아버지, 얼른 촛불 끄세요. 얼른요."

생일 축하 노래가 끝나기 무섭게 라나가 재촉했어요. 그런데 할아버지가 촛불을 끄기 위해 입술을 모아 입김을 불기도 전에 촛불이 꺼져 버렸어요. 라나가 먼저 꺼 버린 거예요. 사실 누구의 생일 케이크여도 상관없어요. 라나가 항상 먼저 촛불을 끄거든요. 라나의 그런 버릇 때문에 사촌 언니와 싸우고 울고불고 난리가 난 적도 있어요. 그래도 라나는 촛불을 보면 항상 먼저 끄고 싶은 마음을 참을 수가 없지 뭐예요.

"라나야, 할아버지가 끄실 때까지 기다렸어야지."

핀잔을 주는 엄마 말에 라나는 대답을 할 수가 없었어요. 이미 입안 가득 케이크를 넣고 우물우물 먹고 있었거든요. 그 모습을 본 라나 엄마는 또 핀잔을 주었어요.

"또, 또! 라나야, 엄마가 아까도 그랬잖아. 음식 먹을 때는 항상 어른이 드신 다음에 먹는 거라고!"

하지만 라나 귀에는 엄마의 이야기가 하나도 들리지 않는 것 같았어요.

"우아, 진짜 맛있다. 입에서 살살 녹아. 할아버지, 할아버지도 얼른 드세요. 진짜 맛있어요. 할머니도요."

라나는 할아버지와 할머니께도 케이크를 드렸어요. 엄마, 아빠가 보기에는 촛불을 끄고, 케이크를 먹는 순서가 엉망이 된 것 같아요. 하지만 라나는 엉망이 된 것 같지 않아요. 라나가 당연하게 제일 먼저 했으니까요.

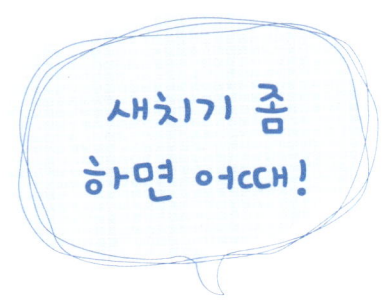

"음, 냄새 좋다."

오늘은 수요일! 라나가 제일 좋아하는 날이에요. 수요일에는 급식이 맛있거든요. 사실 라나는 학교 급식 먹는 게 괴로워요. 할머니는 음식 솜씨도 최고고, 라나가 먹고 싶은 것만 해 주시거든요. 하지만 학교에서는 먹기 싫은 반찬도 많이 나와서 괴로운 적이 많아요. 그런데 수요일에는 언제나 라나가 좋아하는 것들만 나와요.

"치킨이잖아. 아자!"

오늘 급식은 라나가 제일 좋아하는 치킨이었어요.

"선생님, 잠깐만요."

그런데 좀 이상해요. 급식을 가져온 언니, 오빠들이 교실 안으로 들어오지 않고 쭈뼛거리기만 해요. 1학년들은 아직 어리니까 6학년 언니, 오빠들이 급식 도우미 봉사를 해 주거든요. 1층 급식실에서 엘리베이터로 올라온 급식 통을 라나네 교실까지 가져다주지요.

선생님은 교실 밖으로 나가셔서 언니, 오빠들과 이야기를 나누셨어요. 그러더니 교실 안으로 들어오셔서 아이들을 조용히 시키셨어요.

"애들아, 급식을 나눠 주기 전에 잠깐 할 말이 있어."

선생님의 표정이 심상치 않아요. 급식 도우미 언니, 오빠들 표정도요. 무슨 일이 있는 걸까요? 설마 오늘은 급식이 안 나온 걸까요?

"우리를 위해서 매일 급식 봉사를 하는 언니, 오빠들에게 먼저 박수 좀 쳐 주자."

　라나도, 아이들도 어리둥절한 표정으로 선생님이 시키는 대로 언니, 오빠에게 박수를 보냈어요. 언니, 오빠들이 바뀌는 걸까요? 잠깐, 급식 도우미 언니, 오빠들은 매주 바뀌는걸요. 뭔가 진짜 이상해요.

　"언니, 오빠들이 오늘 급식 통을 가져오다가 어떤 친구랑 부딪히는 바람에 급식 통을 떨어뜨렸다는구나."

　선생님의 말이 끝나기 무섭게 교실 여기저기에서 비명 소리

가 터져 나왔어요. 물론 라나 입에서도요.

"설마 우리 치킨 못 먹는 거 아니겠지?"

라나의 짝꿍 진성이도 얼굴이 어두워요. 진성이는 지독한 편식쟁이인데 치킨은 엄청 좋아하거든요. 아이들의 한숨 소리와 떠드는 소리가 뒤섞여 교실은 금세 아수라장이 되었어요.

"다들 조용! 다행히 반 정도는 먹을 수 있어. 그러니까 오늘은 평소보다 조금씩만 가져가자, 알았지?"

죄인처럼 서 있던 언니, 오빠들이 교실 앞에 급식 통을 진열했어요. 아, 정말 반밖에 없어요. 늘 급식 통 가득 치킨이 수북했는데, 오늘은 급식 통 바닥에 깔려 있어요.

"언니, 오빠가 항상 우리 반 급식 도와주느라 애쓰는데 오늘 일은 다들 이해할 수 있지?"

선생님 말씀에 라나는 하마터면 큰 소리로 이해할 수 없다고 말할 뻔했어요. 진짜 이해할 수 없었거든요. 만약 치킨을 못 먹게 되면 어떻게 해요.

"자, 이번 주 급식 당번 나와서 급식 나눠 주자. 1분단부터 차례대로 나와서 줄 서고."

'아, 어떻게 해!'

입술을 꽉 깨물었어요. 라나는 지금 4분단 셋째 줄에 앉아 있거든요. 1분단부터 차례대로 나가서 치킨을

받는다면 라나는 분명 못 먹게 될 거예요.

급식 도우미 언니, 오빠들이 너무 미웠어요. 왜 조심하지 않고선 치킨 통을 떨어뜨린 걸까요?

'어떻게 하지? 차례대로 줄 서면 진짜 치킨 못 먹을 텐데.'

급식 통에서 치킨이 사라질 때마다 불안해졌어요. 라나는 먹보가 아니에요. 하지만 지금은 배도 고프고, 좋아하는 치킨을 못 먹게 되면 속상하잖아요.

'아무래도 안 되겠어. 아이들이 안 볼 때 슬쩍 새치기해야지.'

라나는 친구들의 눈치를 살폈어요. 그러다 슬쩍 끼어들기로 했어요. 워낙 교실이 어수선한 데다가 선생님은 사과하러 오신 6학년 선생님과 이야기하고 계셔서, 덕분에 들키지 않고 새치기에 성공할 수 있었어요.

라나는 무사히 치킨 두 조각을 식판에 담았어요. 세 조각 담고 싶었지만 급식 통에 얼마 남아 있지 않아 두 조각만 담았지요.

"어, 치킨 없잖아!"

아직 급식을 받지 않은 친구들은 모두 울상이 되었어요. 오늘 반찬은 치킨과 옥수수 샐러드, 김치, 치킨 무거든요. 치킨이 없으면 반찬으로 먹을 게 없잖아요.

4분단 둘째 줄에 앉은 현수를 시작으로 라나의 짝꿍 진성이 라나 뒷줄에 앉은 미라, 태현이는 결국 치킨을 못 먹게 되었어요.

'휴, 새치기 안 했으면 나도 못 먹을 뻔했잖아.'
라나는 정말 다행이라고 생각했어요.
"어, 근데 라나 너는 어떻게 치킨이 있냐? 네 앞줄에 앉은 현수도 없는데."
짝꿍 진성이가 문제였어요. 라나 식판에 담긴 치킨을 보고 트집을 잡지 뭐예요.
"그러게. 너 진짜 이상하다! 어떻게 나보다 뒷줄인데 너는 치킨을 받은 거야?"

"뭐야, 대체 어떻게 된 거야?"

아이들이 수군거리기 시작했어요. 하지만 라나는 상관하지 않았어요.

"뭐가? 현수 너는 못 먹었지만 네 짝꿍 정민이는 치킨 받았잖아."

사실 라나가 새치기를 엄청 한 것도 아니에요. 간발의 차이로 앞줄에 앉은 현수가 먹을 치킨을 겨우 먹게 된 셈인걸요.

"현수야, 내가 한 조각 줄게."

현수의 짝꿍 정민이가 치킨 한 조각을 건넸고, 다른 아이들도 하나씩 나눠 주어 다행히 모두 치킨을 먹을 수 있게 되었어요. 하지만 라나를 바라보는 아이들의 시선은 싸늘했답니다.

라나는 투덜거리는 아이들이 오히려 이해가 되지 않았어요.

'결국 다 먹게 됐잖아. 내가 좀 먼저 먹었다고 뭐가 문제야.'

"자, 승부에 너무 연연하지 말고 다들 즐기면서 경기하자. 알았지?"

선생님이 경기 시작을 알리는 호루라기를 불었어요. 아이들의 표정에는 사뭇 긴장감이 감돌았어요. 오늘은 라나네 반과 옆 반이 피구 시합을 하기로 했거든요. 라나는 피구 경기하는 것을 무척 좋아해요. 공을 피해 요리조리 뛰어다니는 것이 정말 재미있거든요.

"나한테 줘! 나한테!"

날아오는 공을 잡는 것도 정말 짜릿해요. 물론 공으로 아이들을 맞히는 것이 좀 미안하기는 하지만 어쩔 수 없지요. 피구는 상대편을 많이 맞혀야 이기는 게임이잖아요.

"내가, 내가 먼저!"

라나는 재빠르게 뛰어다니며 공을 받기도 하고, 피하기도 했어요. 친구 앞에 온 공을 가로채기도 하고요.

"내가 받을게!"

사실 날아오는 공에는 순서가 없잖아요. 공과 거리가 좀 멀어도 뛰어가서 친구보다 먼저 받으면 그뿐이거든요. 라나는 정말 열심히 공을 피해 다니고, 겁내지 않고 날아오는 공을 받았어요. 정말 열심히 했어요.

"우아, 이겼다!"

라나네 반이 이겼어요. 라나도, 친구들도 무척 기뻐했어요. 승부에 연연하지 말라고 하셨지만 막상 이기니 선생님도 기뻐하셨고요. 라나는 자기 덕분에 이긴 것 같았어요. 날아오는 공을 잡느라 배랑 가슴이랑 아팠지만 꾹 참고, 정말 열심히 했으니까요.

"나 진짜 잘하지 않았니?"

교실로 들어가며 몇몇 친구들에게 물었어요. 자신의 활약으로 이긴 것 같은데 친구들이 알아주지 않는 것 같아 조금 섭섭했거든요.

"글쎄, 난 잘 모르겠는데."

그런데 이상해요. 친구들 반응이 별로지 뭐예요. 다들 너무

힘들어서 그런 걸까요?

"현수야, 나 정말 잘하지 않았어?"

"어, 뭐. 그래."

단짝 현수도 시큰둥해요.

"근데 박라나, 넌 왜 자꾸 나한테 오는 공을 가로채냐? 너 때문에 내가 공 맞았잖아."

게다가 현수 짝꿍 정민이는 칭찬은커녕 타박을 하지 뭐예요.

'치, 다들 샘나서 그러는 거야?'

라나는 친구들 태도에 기분이 상했어요. 현수도, 정민이도 짝꿍 진성이도 일찍 공에 맞아 아웃되었거든요. 라나가 끝까지 남아 있다가 경기를 승리로 이끈 것이 샘난 것 같아요.

"애들아, 옆 반 선생님께서 우리 반이 이겼다고 음료수를 선물해 주셨단다."

"와, 신난다!"

교실에 들어오니 선물 보따리가 기다리고 있었어요. 열심히 피구를 하느라 목이 말랐던 아이들은 환호성을 질렀어요.

"자, 각 분단 첫째 줄 책상마다 음료수랑 컵 놓아둘 테니까 사이좋게 나눠 마시렴! 선생님은 잠깐 교무실에 다녀올 테니까 질서 지켜서 조용히 마시도록 해."

선생님 말씀이 끝나기 무섭게 라나는 음료수 앞으로 모여든 친구들을 밀치고 제일 먼저 음료수를 마셨어요.

"야, 차례를 지켜야지."

"박라나! 너는 왜 항상 뭐든지 너부터 하냐!"

새치기를 당한 친구들이 음료수를 마시는 라나를 흘겨보며 말했어요. 하지만 라나는 너무 목이 말라서 친구들이 그러거나 말거나 계속 음료수를 따라 마셨어요.

결국 줄을 서서 기다리던 다른 아이들도 새치기한 라나를 보고선 우르르 달려들어 너도나도 먼저 음료수를 마시려고 하는 바람에 한바탕 소동이 벌어졌어요. 그러다 그만 음료수 병이 넘어졌고, 라나의 옷에 쏟아지고 말았지요.

"어머! 내 옷에 음료수 쏟았잖아."

라나가 꽥 소리를 지르자 아이들이 동시에 쳐다보았어요. 그

런데 이상했어요. 분명 아이들이 몰려드는 바람에 라나의 옷에 음료수가 쏟아졌는데. 아이들은 라나를 보며 눈살을 찌푸리고 있지 뭐예요.

"음료수를 마시고 있는데 그렇게 몰려들면 어떡해. 내 옷 다 젖었잖아!"

기가 막히고 분했어요. 정작 옷을 버린 건 자신인데, 왜 아무도 미안해하지 않는지 이해할 수가 없었지요.

"네가 차례를 안 지켜서 그렇게 된 거잖아!"

"뭐라고?"

더 놀라운 건 단짝 현수의 반응이었어요. 현수가 라나가 아니라 아이들 편에서 말하지 뭐예요.

"다들 목말라도 차례를 기다리는데, 네가 새치기해서 이렇게 된 거잖아."

라나는 도무지 이 상황이 이해가 되지 않았어요. 라나가 목이 너무 말라서 먼저 마시긴 했지만, 다른 아이들이 차례를 안 지키고 마구 덤벼드는 바람에 음료수 병이 넘어진 거잖아요.

그래서 결국 라나 옷을 버렸는데, 다들 라나 탓만 하니 너무 억울했어요.

"라나 때문에 음료수 다 쏟아서 얼마 안 남았어."

심지어 아이들은 라나 때문에 음료수가 부족하다며 원망하지 뭐예요.

'진짜 너무해. 따지고 보면 이 음료수 나 때문에 먹게 된 것 아닌가? 그리고 자기들도 차례 안 지키고 덤벼들어서 음료수 병이 넘어진 건데, 다들 내 탓만 하고.'

라나는 친구들이 괘씸했어요. 피구 경기를 승리로 이끌어 음료수를 먹게 해 준 고마운 친구한테 어떻게 이럴 수가 있을까요? 현수도, 반 친구들도 다 미웠어요.

우리, 친구 아니야?

"어, 아무도 없네. 벌써 간 건가?"

화장실에 다녀왔는데 교실에 아무도 없어요. 매주 월요일은 방과 후 미술 수업을 하는 날인데, 모두들 미술 수업하는 교실로 벌써 갔나 봐요. 시계를 보니 수업 시작하려면 아직 여유가 있는데 말이에요.

"윤현수, 너무해! 기다려 주지도 않고."

라나는 입을 삐죽거리고는 터덜터덜 방과 후 미술 수업을 하는 교실로 갔어요. 현수는 다른 친구랑 자리에 앉아 그림 그릴

준비를 하고 있었어요.

"현수야!"

라나가 손을 들어 현수에게 알은체를 했지만 현수는 옆 친구와 이야기를 하느라 정신없었어요. 주위를 둘러보았지만 현수 곁에는 앉을 자리가 없었어요. 결국 라나는 현수와 좀 떨어진 곳에 앉아야 했지요.

소곤소곤 무슨 이야기를 나누는지 현수와 같은 책상에 둘러앉은 은아와 미라, 란주는 즐거워 보였어요. 라나는 괜히 쓸쓸한 기분이 들었어요.

사실 요즘 좀 이상해요. 학기 초에 라나는 친구들에게 꽤 인기가 많은 아이였어요. 함께 유치원에 다녔던 친구들과도 잘 어울려 놀았고, 같은 아파트에 사는 현수를 비롯해 반 친구들과도 자주 어울려 놀았거든요.

그런데 요즘은 놀 친구가 별로 없어요. 짝꿍 진성이는 라나에게 찬바람이 쌩 불고, 뒷자리에 앉은 미라도 그래요. 지난번에는 숙제 같이하자고 했다가 거절까지 당했지 뭐예요.

"자, 오늘은 사인펜으로 그림을 그려 볼게요. 선생님이 나누어 주는 작은 엽서에 지난 주말에 있었던 일을 사인펜의 다양한 색깔을 이용해 표현해 보세요."

미술 선생님의 간단한 설명이 끝나자 아이들은 그림을 그리기 시작했어요. 라나도 사인펜을 꺼내 무엇을 그릴까 생각해 보았어요. 하지만 떠오르는 것이 없었어요. 지난 주말에는 아빠, 엄마 모두 바쁘셔서 라나는 주말 내내 할머니, 할아버지와 집에 있었거든요.

"할 수 없지, 뭐. 집에서 동화책 읽은 거나 그려야겠다."

한참을 고민한 끝에 라나는 그림을 그리기 시작했어요. 다른 아이들도 그림에 집중하느라 교실에는 사인펜으로 색칠하는 소리만 가득했어요.

"자, 다해 가지요? 5분 후에 마무리할게요."

아직 수업 시간이 많이 남았는데 선생님은 그림을 마무리하라고 하셨어요. 사실 작은 엽서에 그리는 것이라 오래 걸리지 않기는 했지만요.

"오늘은 자신이 그린 엽서 그림을 가지고 나와서 그림에 담긴 이야기를 발표해 볼게요."

선생님 말씀에 아이들이 웅성웅성했어요. 특히 현수와 현수 곁에 앉은 아이들은 안 된다고 소리까지 질렀어요.

'치, 발표하게 될 줄 모르고 수다 떠느라 대충 그렸구나.'

라나는 왠지 고소하다는 생각이 들었어요.

"자, 그럼 누구부터 발표해 볼까?"

"선생님, 저요! 제가 먼저 할게요!"

언제나 그렇듯이 라나는 선생님 말씀이 끝나기도 전에 제일 먼저 손을 들었어요. 결국 라나는 다른 아이들을 제치고 첫 번째로 발표를 했어요.

특별한 일을 그린 것은 아니라 좀 부끄러웠지만 꼼꼼하게 색칠을 했다고 선생님께 칭찬을 받아서 기분이 좋았어요. 라나의 뒤를 이어 다른 아이들도 하나둘 발표를 했어요. 그런데 이상한 것이 있었어요. 현수와 미라의 그림이 비슷한 거예요. 은아와 란주까지도요.

"아, 너희 넷이 생일 파티를 했구나. 어쩐지 그림이 비슷하더라."

란주의 그림 설명까지 들으신 선생님이 정리를 해 주셨어요. 현수와 미라, 은아, 란주는 주말에 키즈 카페에서 생일 파티를 했다는 거예요. 더 놀라운 건 그 생일 파티의 주인공이 바로 현수였다는 거지요.

'왜 나는 초대하지 않은 거지?'

라나는 섭섭했어요. 아니 섭섭한 것을 넘어 화도 났어요. 현수랑 엄청 친한 친구라고 라나는 늘 생각했거든요.

'어떻게 나만 쏙 빼놓을 수 있지?'

라나는 수업이 끝나기만을 기다렸어요. 현수에게 따지고 싶었거든요.

"자, 그럼 모두들 이번 주도 잘 지내고, 우리 다음 주에 다시 만나요."

드디어 수업이 끝났어요. 라나는 그림 도구를 챙기고, 제일 먼저 교실 밖으로 나가 현수를 기다렸어요.

"너, 뭐야? 나한테 왜 그래?"

현수는 다짜고짜 따지는 라나 때문에 기분이 나빠 보였어요.

"뭐가? 내가 너한테 뭘 어쨌는데?"

"너, 왜 나는 생일 초대 안 했어?"

라나의 말에 현수와 현수 곁에 있던 아이들이 황당하다는 표정을 지었어요.

"너, 웃긴다! 내 생일 파티니까 내 마음대로 초대하는 거지. 뭐 그런 걸 따지냐?"

"맞아. 생일 파티에 초대 못 받았다고 따지는 게 말이 되냐?"

현수와 친구들의 말에 라나는 할 말이 없었어요. 조금 전까지만 해도 현수가 진짜 나쁜 아이 같았어요. 친한 친구인 라나만 생일 파티에 초대하지 않았으니까요. 그런데 현수의 말을 듣고 나니 할 말이 없었어요. 현수 생일 파티니까 현수 마음대로 친구를 초대하는 게 잘못된 건 아니잖아요. 그래도 섭섭해요. 현수랑 라나는 친한 친구잖아요.

"그렇긴 하지만 우리는 친구잖아. 제일 친한 친구 아니야?"

"제일 친한 친구라고? 그런데 너는 왜 항상 너만 생각하냐?"

현수의 말에 라나는 충격을 받았어요. 현수가 그런 생각을 갖고 있는 줄 꿈에도 몰랐으니까요.

"맞아. 라나는 새치기 대장이야."

"항상 자기만 생각해."

"뭐든지 자기만 먼저 하려고 하고, 양보도 안 하고."

현수뿐만이 아니었어요. 미라도, 란주도, 은아도 라나한테 불만이 많아 보였어요. 라나는 친구들의 그런 태도 때문에 너무나 속상했어요.

'내가 뭘 그렇게 잘못했다고? 다들 너무해.'

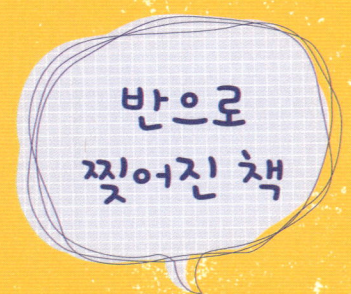

반으로 찢어진 책

친구들과 헤어진 후에도 라나는 생각하고 또 생각해 보았어요. 하지만 아무리 생각해도 친구들이 너무한 것 같아요. 라나는 잘못한 게 별로 없는 것 같거든요.

친구끼리 물 좀 먼저 마시고, 급식 좀 먼저 먹은 게 뭐 그리 나빠요? 친구면 배가 고픈 마음, 목마른 마음 좀 이해해 줘야 하는 거 아닐까요? 라나가 큰 피해를 끼친 것도 아닌데, 친구라면서 다들 너무한 것 같아요.

"휴, 다들 너무해."

라나는 힘없이 걸었어요. 하지만 집으로 가고 싶지는 않아요. 얼마 전까지만 해도 라나는 방과 후 미술 수업이 있는 날은 친구들과 놀다가 집에 갔어요. 그래서 오늘 일찍 집에 가면 할머니가 궁금해하실 게 뻔해요.
"속상해, 진짜."

친구들이랑 다퉜다는 이야기는 하고 싶지 않아요. 할머니가 걱정하시는 것도 싫고, 친구들이랑 사이좋지 않은 아이로 오해 받는 것도 싫거든요.

운동장에 멍하니 앉아 있던 라나는 도서관에 가야겠다는 생각이 들었어요. 라나는 책 읽는 걸 무척 좋아하거든요.

"아, 맞다! 혹시 그 일 때문인가?"

도서관 앞에 온 라나는 문득 그 일이 떠올랐어요.

"치, 질투 때문에 그런 거였구나."

그제야 현수가 왜 그랬는지 알 것 같았어요.

라나는 얼마 전에 독후감 대회에서 상을 받았어요. 그런데 독후감 대회에 참가하기 위해 읽어야 하는 책 때문에 현수랑 약간의 실랑이가 있었거든요. 하필이면 현수랑 라나가 동시에 같은 책을 골랐지 뭐예요.

"내가 먼저 골랐어. 그러니까 먼저 읽고 줄게."

"아냐, 내가 먼저 집었잖아."

현수가 책을 꼭 안으며 말했어요.

"내가 이 책 읽고 독후감 쓸 거라고 말했잖아. 그러니까 내가 먼저 고른 거야."

"그때 나도 이 책 읽을 거라고 말했어. 그리고 오늘은 내가 먼저 집었잖아."

현수도 물러서지 않았어요.

하지만 언제나 그렇듯이 라나는 현수 손에 들린 책을 빼앗듯이 가져가 먼저 빌렸어요. 그리고 그 책을 읽고 쓴 독후감으로 라나는 독후감 대회에서 상까지 받았답니다.

"그 일 때문에 나한테 화가 나서 그런 거구나, 치!"

라나는 이제야 알 것 같았어요. 현수가 왜 그랬는지 알고 나니 차라리 마음이 편했어요. 라나가 진짜 못된 아이라 친구들이 그런 것이 아니니까요.

"새로 들어온 책이 뭐가 있을까?"

한결 마음이 가벼워진 라나는 신간 코너로 가서 책을 구경했어요. 바로 그때였어요. 사이좋게 손을 잡은 여자아이 둘이 신간 코너로 다가왔어요. 다정하게 신간 코너를 훑어보던 두 아이의 시선이 한곳에서 멈추었어요.

"어, 이거 2권 새로 나왔잖아!"

"2권이다!"

두 아이는 동시에 책 한 권을 골랐어요. 라나도 보고 싶었던 책이에요. 탐정 이야기인데, 1권이 무척 재미있어서 2권이 나

오기만을 기다리고 있었거든요. 라나는 어떻게 하면 이 아이들을 제치고 저 책을 먼저 빌릴 수 있을까 고민하며 눈치를 살폈어요.

"내가 먼저 골랐으니까 내가 먼저 볼게."

단발머리의 여자아이가 말했어요.

"무슨 소리야? 내가 먼저 발견했어. 나, 먼저 볼 거야."

파마머리의 여자아이도 양보하지 않았어요.

"안 돼. 내가 먼저 볼 거야."

"너는 꼭 그러더라. 제발 차례 좀 지켜. 얼른 이리 내놔. 내가 먼저야!"

두 아이는 한쪽씩 잡은 책을 서로 차지하기 위해 안간힘을 쓰며 다퉜어요. 사이좋던 모습은 온데간데없이 사라지고 원수라도 된 것처럼 으르렁거렸어요.

"으악!"

한참을 옥신각신하던 두 아이 중 파마머리의 여자아이가 엉덩방아를 찧으며 뒤로 넘어졌어요. 그런데 그 바람에 책도 반

쪽으로 찢어지고 말았지 뭐예요.

"어머, 어떻게 해!"

반쪽으로 찢어진 책을 보며 단발머리 여자아이가 깜짝 놀라 소리를 질렀어요. 놀란 건 라나도 마찬가지예요. 조용하던 도서관이 갑자기 소란스러워졌어요. 조용히 책을 보던 아이들이 무슨 일인가 궁금해 두 아이

곁으로 몰려들었어요.

"뭐야? 쟤네 서로 양보 안 하다가 책 찢었나 봐."

"쟤들은 질서 지키는 것도 안 배웠나 봐."

"오늘 들어온 새 책을 찢었으니 엄청 혼나겠다."

아이들은 울상이 된 두 아이를 보며 수군거렸어요.

"너희, 둘 다 이리 와."

상황을 파악하신 사서 선생님은 엄청 화난 얼굴이셨어요. 두 아이는 금방이라도 울음을 터트릴 것 같았지요.

"너희가 서로 차례를 지키고 양보했더라면 오늘 들어온 책이 이렇게 찢어졌겠니? 결국 둘 다 볼 수 없게 되었잖아. 친구라면 서로 양보하고 배려해야지. 너희는 책을 찢었으니까 도서관 책 정리하는 벌을 받아야겠다."

사서 선생님의 말에 두 아이는 빨개진 얼굴을 푹 숙였어요.

"얘들아, 도서관의 작은 질서나 규칙은 지키려고 노력해 줘. 두 친구 덕분에 오늘 새로 들어온 재미있는 책을 아무도 볼 수 없게 되었잖니."

사서 선생님 말씀에 도서관에 모여 있는 아이들 모두 고개를 끄덕였어요. 그런데 라나는 기분이 이상했어요. 분명 두 아이가 혼나고 있는데 꼭 라나가 혼나는 것 같은 기분이 들지 뭐예요. 라나는 책을 찢은 적도 없고, 친구랑 도서관에서 싸운 적도 없거든요.

게다가 진짜 이상한 건 자꾸 현수 생각이 났어요. 방금 전까지만 해도 현수가 엄청 미웠는데 말이에요. 샘나서 라나한테 심술부리는 미운 친구라고 생각했는데 왜 자꾸 현수 생각이 나는 걸까요? 만약 그때 현수가 양보하지 않았다면 라나와 현수는 어떻게 되었을까요?

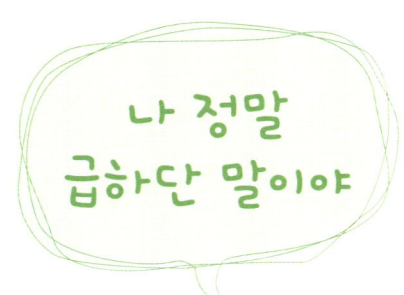

나 정말 급하단 말이야

　날씨가 많이 더운 것도 아닌데 라나는 계속 목이 말랐어요. 진짜 이상해요. 도서관에서 있었던 일이 자꾸 떠올라요. 그때 일을 떠올리면 이상하게 가슴이 답답해지지 뭐예요. 그래서 자꾸 시원한 물을 마시고 싶다는 생각이 드나 봐요.

　3교시 수업이 시작되기 전에도 라나는 물을 세 잔이나 마셨어요. 시원한 물이라도 마시면 답답한 마음이 좀 사라지는 것 같거든요.

　그런데 물을 너무 많이 마셨나 봐요. 아직 수업이 끝나려면

10분이나 남았는데, 화장실에 가고 싶지 뭐예요.

　라나는 어떻게 할까 고민이 됐어요. 라나네 담임 선생님은 수업 시간에 화장실에 가는 걸 별로 좋아하지 않으시거든요. 분명 쉬는 시간에 화장실에 다녀오지 않고 뭐했느냐고 야단치실 게 뻔해요.

'어쩌지? 좀 참을까?'

라나는 다른 생각을 하려고 노력했어요. 계속 화장실 생각을 하면 더 가고 싶어지잖아요. 하지만 선생님 말씀도 귀에 들어오지 않고, 오줌이 점점 더 마려워졌어요.

'휴, 어쩌지. 그냥 화장실에 다녀온다고 말할까?'

시계를 보니 수업 시간은 3분밖에 남지 않았어요. 라나는 조금만 더 참기로 했어요. 종이 치자마자 화장실로 달려가려고 단단히 마음먹었지요.

'딩동댕!'

드디어 수업을 마치는 종이 울렸어요.

"자, 그럼 여기까지 하자. 쉬는 시간에 너무 뛰어다니지들 말고. 화장실 다녀올 사람은 다녀오고."

라나는 선생님 말씀이 끝나기 무섭게 화장실로 뛰었어요.

"으악!"

복도에서 뛰던 라나는 그만 앞을 보지 않고 달려오던 한 남자아이와 부딪히고 말았어요.

"야, 앞 좀 보고 다녀!"

라나와 부딪혀 이마가 빨개진 남자아이가 버럭 화를 냈어요. 라나는 기가 막혔어요. 둘 다 부주의해서 부딪힌 건데 마치 라나 잘못인 것처럼 화를 내니까요. 하지만 그 아이랑 실랑이를 벌일 시간이 없었어요.

"미안해."

라나는 대충 사과를 하고 다시 화장실로 뛰었어요.

"휴, 다행이다!"

마침 화장실이 한 칸 비어 있었어요. 라나는 화장실 문고리를 잡고 숨을 내쉬었어요. 정말 큰일 날 뻔했지 뭐예요.

바로 그때였어요.

"아, 너무 급해. 나 먼저 좀 들어갈게."

라나가 화장실 문을 열고 막 들어가려는데, 한 아이가 달려오더니 순식간에 화장실 안으로 들어가 문을 닫았어요.

"너, 뭐야!"

황당해서 입을 떡 벌린 라나는 문을 막 두드렸어요.

"야, 너 왜 새치기를 하니. 빨리 나와."

하지만 그 아이는 아무런 대답이 없었어요. 라나는 그 아이에게 계속 따지고 있을 시간이 없었어요. 얼른 화장실이 비는 다른 칸으로 가야겠다고 생각했어요. 정말 너무 급했거든요.

"야, 줄 서야지."

"차례 지켜. 뒤로 가."

하지만 옆 칸도, 그 옆 칸도 이미 아이들이 줄을 서 있었어요. 게다가 줄을 선 아이들은 절대 양보해 주지 않겠다는 굳은 표정으로 라나를 째려보았어요.

"나 진짜 급한데 먼저 좀 가면 안 될까?"

라나는 간절한 표정으로 말했어요.

"안 돼. 나도 급해."

하지만 옆 칸 앞 줄에 서 있는 아이는 단호하게 거절했어요. 라나는 자신을 새치기하고 화장실에 들어간 아이가 너무나 미웠어요.

'아, 어떻게 해.'

게다가 그 아이는 무엇을 하는지 빨리 나오지 않았어요.

"애, 뭐해. 빨리 좀 나와!"

라나는 참지 못하고 또 문을 두드렸어요.

"좀 기다려. 왜 이렇게 성격이 급하니."

새치기하고 안에 들어간 아니는 미안해하기는커녕 오히려 라나를 타박했어요. 라나는 너무 화가 나서 몸이 부르르 떨렸어요.

'참아야 해. 휴. 휴.'

하지만 점점 참기 힘들어졌어요. 이러다가 바지에 실수를 하기라도 하면 정말 큰일이에요. 아기도 아니고 초등학교 1학년

이 바지에 쉬를 하면 얼마나 창피한 일이에요. 라나는 숨을 크게 들이쉬며 참아 보려고 노력했어요.

"어머! 쟤 좀 봐."

다리를 배배 꼬며 참았지만 결국 라나는 바지에 쉬를 하고 말았어요. 라나의 바짓단에서 흘러내리는 물줄기를 본 친구들이 소리를 질렀어요.

"어머, 어떻게 해."

"라나잖아. 바지에 오줌 쌌나 봐."

"웬일이야!"

수군거리는 목소리들 중에는 라나에게 익숙한 친구들의 목소리도 있었어요. 여덟 살이나 되었는데 바지에 쉬를 하다니요. 그것도 많은 아이들이 보는 앞에서요. 라나는 너무 창피해서 고개를 들 수가 없었어요.

"아유, 볼일도 못 보게 왜 이렇게 문을 두드리니?"

그때 문이 열리며 화장실에서 아까 그 아이가 나오며 투덜거렸어요.

어쩜 저렇게 당당할 수가 있을까요? 라나는 그 아이를 보자 왈칵 눈물이 터졌어요. 너무 창피하고 억울하고 분했거든요.

"넌 새치기를 하고도 어쩜 이렇게 당당하니?"

"새치기라니? 너무 급해서 먼저 좀 간 건데. 그게 그렇게 큰 잘못이니? 나 바지에 오줌 쌀 뻔했단 말이야. 집에서는 내가 항상 먼저라고."

그 아이는 하나도 미안해하지 않아요. 게다가 대수롭지도 않은 일로 화를 낸다며 오히려 라나를 이상한 애 취급했어요.

그런데 그 아이의 이야기를 듣는 순간 라나는 얼음이 되고 말았어요. 그 아이가 한 말, 라나가 제일 많이 했던 말이거든요. 새치기를 할 때마다 늘 하던 말이었어요.

라나의 결심

"아빠!"

라나는 아빠를 보자마자 울음을 터트렸어요. 아빠가 학교에 오시기까지의 시간이 너무나 길고 힘겨웠거든요. 라나는 젖은 옷을 입은 채로 보건실에서 한참 동안이나 있어야 했어요. 얼마나 창피하고 속상했는지 몰라요.

"내가 화장실 가려는데, 엉엉……. 새치기해서, 엉엉. 옛날에 나도 새치기 많이 했는데 엉엉. 그때는 몰랐는데 엉엉."

라나가 울먹이며 한 말은 뒤죽박죽이었어요. 하지만 아빠는 알 것 같았어요. 이미 선생님과 라나 엄마한테 오늘 일어난 일을 들었으니까요.

"할머니는 수영장에 계셔서 연락이 안 되신 것 같아. 선생님이 엄마한테 전화하셨대. 그런데 엄마는 지금 올 수가 없어서 아빠가 온 거야. 오래 기다렸지?"

할머니와 엄마 모두 올 수 있는 형편이 안 되어 아빠에게까지 연락이 가느라 더 오래 걸렸나 봐요.

"자, 먼저 옷부터 갈아입자."

아빠는 라나를 다독이고 옷을 갈아입혔어요. 새 옷으로 갈아입은 라나는 마음이 좀 가라앉았어요.

"선생님이 집에 가도 된다고 하셨는데 아빠랑 집에 갈까?"

라나는 말없이 아빠의 커다란 손을 잡았어요. 아직 수업이 다 끝나지 않았지만 다시 교실로 가고 싶지 않았거든요. 친구들을 볼 자신도 없었고요.

"라나야, 배고프지? 샌드위치라도 먹을까?"

말없이 걸으시던 아빠는 라나를 샌드위치 가게에 데리고 갔어요. 아빠를 기다리는 동안 선생님이 보건실로 급식을 가져다주셨지만 그때는 먹을 기분이 아니었거든요. 배가 고팠던 라나는 따뜻한 코코아와 샌드위치를 먹으니 기분이 좀 나아졌어요.

"아빠가 얼마 전에 있었던 일 이야기해 줄까?"

라나의 표정이 한결 밝아진 것을 본 아빠가 얼마 전에 있었던 일이라며 이야기를 들려주셨어요.

"커다란 빌딩에서 불이 난 거야. 소방관 아저씨들도, 경찰관 아저씨들도 모두 긴장했지. 사람들을 안전하게 대피시켜야 하니까. 하지만 출구가 좁아서 한 명씩밖에 빠져나올 수 없었어. 아빠는 얼마나 긴장했는지 몰라. 당황한 사람들이 우르르 몰려나오면 정말 위험하거든."

라나는 아빠의 이야기에 귀를 기울였어요. 이야기를 듣는 라나도 긴장이 됐거든요. 그곳에 있었던 사람들은 어떻게 되었을까요?

"그런데 라나야, 그 수많은 사람들이 차례차례 줄을 서더구나. 모두들 먼저 밖으로 나가고 싶은 마음이 굴뚝같았을 텐데 말이야. 늦게 나가면 잘못하다가 죽을지도 모른다는 두려움이 있었을 텐데, 누구인들 먼저 안전한 곳으로 가고 싶지 않았겠니?"

라나는 가만히 생각해 보았어요. 만약 그곳에 있었던 사람들이 모두 라나처럼 자신이 제일 먼저이고 싶은 마음이 컸다면, 그래서 너도나도 새치기를 했더라면 어떻게 됐을까요?

"모두들 먼저이고 싶을 거야. 라나처럼. 하지만 다들 그 마음을 누르고 차례를 지키는 건 왜일까?"

아빠의 질문에 대답하기가 어려웠어요.

"상대에 대한 배려이자 나를 위한 배려 때문이지. 내가 차례를 지켜야 누군가도 나를 위해 차례를 지켜 줄 테니까. 너도나도 자신만 생각해 작은 규칙들, 차례 이런 것들을 지키지 않으면 결국 모두가 위험해지고 어려워지거든."

라나는 아빠의 말을 알 듯 말 듯했어요.

"새치기할 때는 새치기당하는 사람의 마음을 몰랐잖아. 그렇지? 그런데 라나도 새치기를 당해 보니 많이 속상했지?"

라나는 그제야 고개를 끄덕였어요. 그리고 지난 행동들이 부끄러웠어요. 사실 새치기를 할 때 라나는 늘 이렇게 생각했어요. 법을 어기는 것도 아니고, 나 하나쯤 새치기 좀 하면 어때? 라고요. 하지만 이번 일을 겪고 나니 라나가 큰 착각을 했다는 것을 알게 됐어요.

"법도, 작은 규칙들도 모두 상대에 대한 배려에서부터 시작

되는 거야. 누구인들 나 먼저이고 싶은 마음이 없겠니?"

라나는 현수의 얼굴이 떠올랐어요. 현수는 라나의 행동 때문에 속상할 때가 얼마나 많았을까요? 현수랑 라나랑 동시에 줄을 설 때나, 같은 것을 골랐을 때 매번 라나는 양보하지 않았거든요. 늘 라나가 먼저여야 한다고 생각했으니까요. 정말 창피하고 미안해요. 그러면서 라나는 현수에게 친한 친구로 대접받으려고만 했잖아요.

그날 밤 라나는 잠들기 전 결심했어요. 우선 내일 학교에 가면 현수에게 사과를 해야겠다는 거예요. 그리고 급식 시간에 새치기를 하지 않기로 다짐했지요. 아니, 급식 시간뿐 아니라 질서를 지켜야 하는 모든 일에 차례를 꼭 지킬 거예요.

과연 라나는 이 결심들을 잘 지킬 수 있을까요?

|부록|

라나의 질서 노트

1. 질서는 왜 필요할까?

2. 차례를 지키지 않으면 어떤 일이 벌어질까?

3. 나의 질서 지수 테스트

1. 질서는 왜 필요할까?

우리는 수많은 사람들과 함께 더불어 살아가지요. 이 많은 사람들이 서로에게 피해를 주지 않고, 잘 살아가기 위해서 지켜야 하는 차례나 순서를 질서라고 불러요. 우리가 살아가는 사회가 안정되게 유지되기 위해서는 나 하나쯤이야 하는 생각을 버리고 질서를 잘 지켜야겠죠?

누구나 좋은 것을 먼저 갖고 싶고, 제일 먼저 먹고 싶을 거야. 그렇다고 질서를 지키지 않고 자기만 먼저 하려고 한다면 어떤 일이 벌어질까?

모두가 자신이 먼저 먹으려고 하고, 먼저 버스를 타려고 하다가는 싸움이 벌어질 거야. 그러다 보면 사고가 날 수도 있고, 혼란스러워질 거야.

맞아. 질서를 지키지 않으면 먼저 하려다가 오히려 더 오랜 시간이 걸리게 될 거야. 어쩌면 안전과 생명이 위험해질 수도 있어.

질서를 지켜야 하는 이유는 다른 사람을 위해서가 아닌 바로 나를 위해서구나!

2. 질서를 지키지 않으면 어떤 일이 벌어질까?

질서를 지키지 않고 먼저 먹고, 먼저 타면 내가 제일 먼저 할 수 있을 것 같나요? 질서를 지키지 않으면 어떤 일이 벌어지는지 다음 그림으로 한번 살펴보아요.

불이 났을 때 질서를 지키지 않고 서로 먼저 나오려고 한다면 어떤 일이 일어날까요?

커다란 피자가 한 판 있는데, 많은 친구들이 서로 먼저 먹으려고 다투면 어떤 일이 일어날까요?

버스가 도착하자 모두들 먼저 타려고 우르르 몰려가면 어떤 일이 벌어질까요?

3. 나의 질서 지수 테스트

나는 얼마나 질서를 잘 지키고 있을까요? 질서를 지켜야 한다고 해서, 사정이 급하거나 딱한 경우도 무시하고 무조건 지키라고 하는 게 옳을까요? 다음 질문을 읽고 답을 한 뒤, 해당 답변에 대한 결과를 확인해 보세요.

Q. 목이 너무 말라요. 그런데 물을 마시려면 한참을 기다려야 해요. 나는 어떻게 할까요?
  1. 목이 마르지만 참고 기다린다.
  2. 목이 너무 마르니 새치기를 한다.

Q. 내 앞으로 새치기를 한 친구가 있어요. 그럴 때 여러분은 어떻게 할까요?
  1. 새치기를 하지 말고 질서를 지키라고 말한다.
  2. '얘도 새치기했으니까 나도 새치기해야지.'라고 생각한다.

Q. 배가 너무 아픈데 화장실 줄이 너무 길어요. 이럴 때 나는 어떻게 할까요?
  1. 친구들에게 양해를 구하고 먼저 가게 해 달라고 부탁해 본다.
  2. 배가 너무 아프니 당당하게 새치기를 한다.

Q. 택시를 타려고 줄을 섰는데, 한 아주머니가 아이가 아프다며 먼저 타겠다고 하면 어떻게 할까요?
  1. 병원에 빨리 가야 하니 먼저 타시라고 양보해 드린다.
  2. 아무리 아파도 새치기는 절대 안 된다고 거절한다.

Q. 집에서 가족끼리 화장실에 가거나 음식을 먹을 때도 질서를 꼭 지키는 편인가요?
　　1. 가까운 사이일수록 더 잘 지켜야 한다고 생각한다.
　　2. 가족끼리는 질서를 중요하게 생각하지 않아도 된다고 생각한다.

테스트 결과

1번이 4개 이상-> 질서 지수 100점
질서를 아주 잘 지키는 친구예요. 그리고 사정이 딱한 사람에게는 양보할 줄도 아는 아름다운 마음씨도 가지고 있네요.

1번이 3개 이상-> 질서 지수 70점
질서 의식은 뛰어난 편이에요. 하지만 상대를 조금 더 배려하는 마음이 필요해요.

1번이 2개 이상-> 질서 지수 50점
지금보다 질서를 잘 지키도록 노력해야 해요. 나보다는 남들 입장에서 먼저 생각해 보세요.

1번이 0~1개 이상-> 질서 지수 20점
질서 점수가 아주 낮네요. 질서는 남을 위해서만이 아니라 나를 위해서도 꼭 지켜야 한다는 점을 명심하세요!

국립중앙도서관 출판예정도서목록(CIP)

나 먼저 할래 : 차례의 중요성을 일깨워주는 책
/ 글: 최형미 ; 그림: 권송이. — 고양 : 위즈덤하우스, 2015
p. ; cm

권말부록: 라나의 질서 노트
ISBN 978-89-6247-509-8 74810 : ₩8500
ISBN 978-89-92010-33-7 (세트) 74810

질서[次例][秩序]
교육 동화[敎育童話]

194-KDC6   CIP2015008202

차례의 중요성을 일깨워주는 책
나 먼저 할래

초판 1쇄 인쇄 2015년 3월 25일   초판 1쇄 발행 2015년 4월 8일

글 최형미   그림 권송이
펴낸이 연준혁   스콜라 부문대표 황현숙

출판 5분사 분사장 배재성   편집장 윤지현
디자인 Design Lovey   제작 이재승

펴낸곳 (주)위즈덤하우스   출판등록 2000년 5월 23일 제13-1071호
주소 경기도 고양시 일산동구 장항동 846번지 센트럴프라자 6층
전화 (031)936-4000   팩스 (031)903-3891
전자우편 scola@wisdomhouse.co.k   홈페이지 www.wisdomhouse.co.kr
스콜라카페 http://cafe.naver.com/scola1
종이 월드페이퍼   인쇄 (주)현문   제본 신안제책

ⓒ최형미, 2015
ISBN 978-89-6247-509-8 74810
ISBN 978-89-92010-33-7(세트)

이 책은 저작권법에 따라 보호받는 저작물이므로 무단전재와 무단복제를 금지하며,
이 책 내용의 전부 또는 일부를 이용하려면 반드시 저작권자와 (주)위즈덤하우스의 동의를 받아야 합니다.
　* 잘못된 책은 바꿔 드립니다.　　* 책값은 뒤표지에 있습니다.

스콜라는 (주)위즈덤하우스의 아동·청소년 브랜드입니다.